Angela Weiland

Gefühlte Texte

Aus meinem Leben mit einer chronischen Erkrankung

Mauer Verlag
Wilfried Kriese
72108 Rottenburg a/N
Buchgestaltung: Wilfried Kriese
Abbildungen: Angela Weiland
Titelbild: Angela Weiland
2008
ISBN 978-3-86812-153-7

www.mauerverlag.de

Ich möchte mich bei Jürgen Selke bedanken, ohne den dieses Buch nicht gedruckt worden wäre.

Inhalt

Einleitung

Ich steuerte das Schiff,
war aber nicht ganz bei der Sache.
Meine Gedanken kreisten
um ein für mich unlösbares Problem aus der Arbeitswelt.

An Bord befanden sich drei Passagiere,
mein Mann und meine beiden kleinen Töchter.
Eine heftiger Sturm brach los.
Eine Welle ungeheuren Ausmaßes
rollte auf uns zu.

Ich hatte Mühe, mich aufrecht zu halten,
verlor kurzzeitig die Orientierung
und mein Gleichgewicht.
Doch ich konnte das Schiff retten.

Wir sind nicht untergegangen.
Meine Familie überstand es unversehrt,
aber nicht ohne Spuren.
Der Schrecken ließ sich nicht einfach beiseite packen.
Auch nicht das, was daraus entstand.

Es war der Tag der Diagnosestellung im Jahr 1988.

-MS-

Viel Zeit ist seitdem vergangen,
gute wie auch schlechte Phasen durchlebte ich.
Ich bin heute gelassener und ausgeglichener
und tue Dinge, die ich mir nicht habe träumen lassen.

Als junge Frau hatte ich einen Traum,
ich wollte ein Buch schreiben,
aber ich hatte nichts zu sagen.
Heute weiß ich mehr vom Leben.

Immer wieder spüre ich Glück und Zufriedenheit,
aber ich habe auch aus bitteren Erfahrungen gelernt.
Die Erkrankung MS hat mein Leben verändert,
aber keinesfalls zerstört.

Ich lebe gern und möchte auch anderen Mut machen.
dazu will ich meine Gedanken festhalten,
deshalb schreibe ich sie auf.
Sie gingen sonst verloren.

Der Beginn

Am Anfang war Verzweiflung.
Es folgte die Frage: „warum ich“
und die Suche nach Erklärungen.
Informationen halfen mir weiter
und das Reden erleichterte.

Ich lauschte in mich hinein,
lernte zu deuten und zu unterscheiden.
Der Arzt wurde ein Partner
und ich zum Profi.
Normalität trat ein.

Mein Verhaltensrepertoire war vielseitig:
Verdrängung, Trauer, Selbstmitleid,
Selbstüberschätzung, Wut und Ignoranz,
die Suche nach Alternativen,
die Suche nach **meinem** Weg.

Ich denke, ich habe ihn gefunden,
vorerst-, denn das Ende ist nicht in Sicht.
Neugierde begleitet mich,
denn ich weiß nicht,
wohin mein Weg mich führt.

Verlust

Ich habe etwas verloren,
das macht mich traurig.
Aber dadurch habe ich mich auf die Suche begeben,
und etwas Neues gefunden.
Ich hätte es ansonsten vielleicht nie entdeckt.
Es soll so sein.

Veränderung

Mein Leben hat sich verändert.
ich backe kleinere Brötchen,
aber ich backe!
Meist schmecken sie auch,
nur manchmal geht etwas daneben.
Ich probiere neue Rezepte,
das ist spannend und macht Spaß.

Veränderung bedeutet Neuorientierung,
und dies kann schmerzhaft sein.
Vertrautes aufzugeben ist schwer,
aber es entwickelt sich etwas Neues.
Manchmal dauert es länger,
aber Stillstand gibt es nicht.

Das bin ich

Ich habe mein Päckchen zu tragen,
manchmal fällt es nicht schwer,
ein andermal breche ich unter der Last fast zusammen.

Jeder hat sein Päckchen.

Ich möchte nicht tauschen.
Denn ich bin einverstanden,
auch wenn ich nicht immer glücklich bin.

Aber wer ist das schon.

Ich habe mich arrangiert
mit den vorhandenen Möglichkeiten,
es liegt an mir, ob ich sie nutze.

Keiner kann alles.

Ich will keine andere sein,
auch wenn ich manchmal ein wenig Neid spüre.
Ich weiß, was ich an mir habe.

Niemand ist wunschlos.

Ich mag mich
mit allen Stärken und trotzt aller Schwächen.
Nicht jeden Tag gleich,

aber wer tut das schon.

Heute

Heute ist ein guter Tag,
ich mache Pläne,
nur für heute.

Es ist nicht jeder Tag gleich gut,
aber wessen Tage sind das schon?

Es ist wie mit Mathe,
jeder Tag ist eine Aufgabe.
Ich muss sie lösen.

Es gelingt nicht immer.
Manchmal bekomme ich Nachhilfe
von lieben Menschen.

Hin und wieder gehe ich ohne Lösung ins Bett.
Aber dann bleibt mir die Hoffnung auf morgen.

Der erste Frühlingstag

Die Sonne schickt ihre Strahlen zur Erde,

sie streicheln meine Seele,
sie wärmen meine Haut,
sie geben Kraft für Kommendes,
sie machen Lust auf Leben.

Es ist wie ein Neuanfang.

Ich erlebe alles intensiver,
das Zwitschern der Vögel,
die laue und würzige Luft,
das erste zaghafte Blattgrün,
die aufbrechenden Blütenknospen.

Ich freue mich auf das, was kommt.

Ich genieße das Leben,
mich umhüllt Wohlbehagen,
positive Gefühle ergreifen Besitz von mir,
ich denke nicht an Probleme,
ich fühle mich leicht.

Ich gebe mich der Stimmung hin.

Wortspiele oder schwimmende Grenzen

Wie viel Vernunft benötige ich,
um nicht unvernünftig zu sein?

Wie viel darf ich wollen,
ohne egoistisch zu sein?

Wie viel darf ich fordern,
ohne andere zu überfordern?

Wie viel darf ich andere belasten,
ohne zur Last zu werden?

Wie viele Ansprüche darf ich haben,
ohne andere zu überbeanspruchen?

Wie viel Verständnis darf ich erwarten,
ohne Unverständnis zu ernten?

Wie vieler Worte bedarf es,
um einander zu verstehen?

Der Regenbogen

Der Regenbogen braucht Beides,
den Regen und die Sonne.
Nicht immer sind alle Farben zu sehen.
Manchmal ist er schwach,
ein andermal erscheint er in voller Schönheit.
Je dunkler der Himmel als Hintergrund,
desto mehr Leuchtkraft besitzt er.
Ich werde immer wieder in Erstaunen versetzt
und er verzaubert meine Sinne.

Ich kann daraus lernen.

Relationen

Oft hilft ein Blick über den Tellerrand,
es gibt so viel Schlimmeres auf dieser Welt.

Ich bin nur ein klitzekleines Rädchen
Und die MS nur ein kleiner Teil von mir.

Vom Suchen und Finden

Wir sind ständig auf der Suche,
nach uns selbst, nach anderen,
nach dem Glück, nach dem großen Los,
nach Geld, nach dem Kick.

Oft übersehen wir dabei das bereits Gefundene.

Mein Blick ist klarer geworden,
ich finde ständig Neues,
manchmal auch bereits Bekanntes,
ohne das ich suche.

Es lohnt sich, einfach nur genauer hinzuschauen.

Es sind nicht die großen Dinge,
denen wir hinterher jagen sollten,
der Frust wäre dann ein Dauergast.
Freude finden wir auch im Kleinen.

Es ist befriedigender, Erreichbares zu wollen.

Ein kurzer Ritt auf dem Lichtstrahl

Glücksgefühle verleihen Flügel,
ich bin dem Himmel ganz nah,
Leichtigkeit durchströmt mich,
Superlative prägen mein Denken.

Ich habe etwas erreicht,
was ich nie zu träumen wagte:
ich fühle mich gerade als die Frau,
die ich immer sein wollte.

Ich weiß um die Vergänglichkeit von Glück,
aber das ist im Moment nicht wichtig.
Nur der Augenblick zählt,
und ich koste ihn aus bis zur letzten Neige.

Ich will nicht

Ich merke es beim Aufwachen,
die Stimmung ist trübsinnig,
alles ist von einem grauen Schleier überzogen,
die Müdigkeit ergreift Besitz von mir,
die Beine sind schwer.

Wut macht sich breit,
ich bin kraftlos,
kann mich nicht wehren.
Ich habe keine Lust auf diese Nummer,
nicht schon wieder.

Schon seit Tagen habe ich es geahnt,
aber nicht wahrhaben wollen.
Wenn ich nicht hingucke,
ist es nicht da.
So wie als Kind.

Die Rechnung ist nicht aufgegangen.
Ich habe keine Chance,
es zu ignorieren.
Ich bin lahmgelegt
und muss mich auseinandersetzen.

Der freie Fall ist nicht mehr so heftig,
das Loch nicht mehr so tief,
ich kenne es schon,
doch trotzdem fällt es schwer,
die Situation zu akzeptieren.

Vorhang auf

Mein Leben ist wie ein schlecht geführtes Theater,
mit einem ständig wechselnden Spielplan,
der ein hohes Maß an Flexibilität
und Einsatzbereitschaft erfordert.

Von den Akteuren wird die Besetzung
der unterschiedlichsten Rollen verlangt,
Text und Maske müssen stimmen,
und das manchmal von einem Tag zum anderen.

Der Job ist wahrlich nicht leicht
und hin und wieder möchte ich alles hinwerfen,
doch die Kündigung ist ausgeschlossen,
und ich bin verdammt, dass Beste daraus zu machen.

Ziel dieser Arbeit sollte es sein,
jeden Tag das Mögliche zu geben,
um vor mir selbst bestehen zu können,
denn der Applaus ist nicht immer sicher.

Zwiegespräch I. Folge Gutgemeinte Ratschläge

1. Stress ist Gift!
   Ihr nervt!

2. Du musst kürzer treten!
   Ihr nervt!

3. Ruh' dich öfter aus!
   Ihr nervt!

4. Lege dich mittags hin!
   Ihr nervt!

5. Gehe zeitiger ins Bett!
   Ihr nervt!

6. Mache nicht soviel Termine!
   Ihr nervt!

7. Du überforderst dich!
   Ihr nervt!

8. Du läufst schlecht, hast dich sicher übernommen!
   Ihr nervt!

9. Du musst deine MS akzeptieren!
   Ihr nervt!

10. Du hast zu verantworten, dass es dir schlechter geht!
    Ihr nervt!

11. Du bist selbst schuld!
    Ihr nervt!

Zwiegespräch II. Folge Ehrliche Antworten

1. Stress ist Gift. Das weiß jeder. Er lässt sich aber nicht auf Knopfdruck abstellen. Ich bemühe mich um Schadensbegrenzung.

2. Manchmal sollte ich wirklich kürzer treten, aber es ist nicht immer erforderlich, wenn ihr es vermutet.

3. Ich ruhe mich immer wieder aus, könnte es tatsächlich aber öfter tun.

4. Wenn ich das Bedürfnis verspüre, schlafe ich mittags. Es passt aber nicht immer in mein Programm.

5. Ich habe nicht immer Lust darauf, den Abend vorzeitig zu beenden.

6. Manchmal muss es sein. Manche Termine sind aber einfach nur entspannend. Kann doch nicht falsch sein.

7. Ich überfordere mich hin und wieder. Versuche mich dann auszuruhen.

8. Schlechtes Laufen bedeutet nicht zwangsläufig Überforderung. Es hat des öfteren gar nichts damit zu tun.

9. Meine MS habe ich besser akzeptiert, als ihr denkt. Ich lebe mit ihr und nicht immer schlecht.

10. MS hat eine Eigendynamik und ist nicht grundsätzlich hausgemacht. Ich kenne meinen Einfluss. Danke für die Belehrung.

11. Na super! Sagtest du nicht, Stress ist Gift. Diese Schuldzuweisung haut mir die Beine weg. Aber ich arbeite ja an der Schadensbegrenzung.

Zwiegespräch III. Folge Kritik an euch

1.Ihr mischt euch zu sehr ein. Die Auseinandersetzungen und Schuldzuweisungen bedeuten auch Stress.

2. Ich sage euch auch nicht ständig, was ihr zu tun und zu lassen habt.

3. Mein schlechtes Befinden in euren Augen kann für mich ein guter Zustand sein.

4. Meine Maßstäbe sind andere, ihr könnt mich nicht mit euren messen.

5. Ich weiß am besten selbst, wie es mir geht.

6. Ich weiß um meine Unvernunft, aber eure Schuldzuweisungen helfen mir überhaupt nicht weiter.

7. Ich lebe mit meiner MS und weiß vieles einfach besser.

8. Ihr habt keine Ahnung, wovon ihr redet.

9. Ihr seid Theoretiker. Ich muss die Praxis bewältigen.

10.Manchmal gebe ich einem „Mehr“ an Lebensqualität einfach den Vorzug vor aller Vernunft.

11. Ich habe keine Lust, mich ständig zu rechtfertigen.

Zwiegespräch IV. Folge Versöhnung

Ich bin froh, dass ich euch habe,
und weiß um eure Sorgen.

Auch Angehörige und Freunde sind von MS betroffen.
Ich weiß, das ich manchmal unfair bin.

Ihr meint es nur gut mit mir.
Ich weiß, dass ihr nur mein Bestes wollt.

Ihr wollt mir nur helfen.
Ich weiß es, dass es schwer ist, nur zuzuschauen.

Manchmal tut es euch weh, zu sehen, wenn ich mich falsch verhalte.
Ich weiß um eure Ohnmacht.

Es ist nicht einfach für euch, mit mir zu leben.
Ich weiß es und bitte euch um Verständnis.

Manchmal denke ich über eure Vorwürfe nach, wenn ich allein bin.
Ich weiß, dass ihr öfter mal recht habt.

Ihr solltet einmal darüber nachdenken, dass es mir vielleicht noch relativ gut geht, weil ich so lebe, wie ich es tue.
Ich weiß, dass meine Abwehr dann weniger heftig wäre.

Tröstendes

Wo Licht ist, ist auch Schatten.
Das eine gibt es nicht ohne das andere.
Wichtig ist es, die Balance nicht zu verlieren,
oder sie wiederzufinden.

Höhen gäbe es nicht ohne Tiefen.
Das gilt für alle Menschen gleichermaßen.
Wichtig ist, nie die Hoffnung zu verlieren
und an sich selbst zu glauben.

Die Ms setzt diese Gesetzmäßigkeiten
nicht außer Kraft.
Wir können es kraft unseres Geistes verhindern,
dass sie endgültig Macht über uns gewinnt..

Die Wandlung

Er ist erforderlich,
er wird bestellt,
er wird geliefert,
er ist da.

Der Rollstuhl

Er ist unerwünscht,
er wird verbannt,
er wird abgelehnt,
und doch ist er nötig.

Der Fremdkörper

Er wird gebraucht,
er wird benutzt,
er wird geschätzt,
und ich bin froh, dass er da ist.

Mein Rolli

wie älter werden

Genauso stelle ich mir das Altern vor:

Die Kräfte schwinden,
die Fähigkeiten lassen nach,
die Müdigkeit wächst,

doch bei mir etliche Jahre zu früh.

Alltägliches muss man organisieren,
Hilfe muss angefordert oder erbeten werden,
die Selbständigkeit lässt nach,

auch das etliche Jahre zu früh.

Vor mir liegt noch ein halbes Leben,
ich habe andere Freiräume,
der Geist bleibt wach,

die Zeit dafür ist kein Jahr zu früh.

Besser als

Ich bin aus dem Gleichgewicht geraten.
Deshalb benutze ich eine Gehstütze,
obwohl sie für's Laufen gerade nicht erforderlich wäre.
Man hält mich dann aber nicht für alkoholisiert.

Krank ist besser als betrunken.

Einen Rollator?
Den will ich nicht.
Denn damit laufen eigentlich nur alte Leute.
Da ist mir sogar der Rollstuhl lieber.

Behindert ist besser als alt.

Ich stehe nicht über den Dingen.
Die Meinung der anderen ist mir nicht egal.
Aber es ist die eigene Bewertung,
die mein Handeln und Fühlen beeinflusst.

Das Optimale zu nutzen ist besser als sich einzuschränken.

Ich laufe gegebenenfalls immer noch mit der Gehstütze,
aber ich benutze heute auch einen Rollator.

Menschenwürde

Ich bin erwachsen,
auch wenn ich behindert bin.

Ich bin alt genug,
Verantwortung für mich zu übernehmen.

Man lernt zwar nie aus,
aber meine Erziehung ist abgeschlossen.

Manchmal brauche ich Hilfe,
aber keine Bevormundung.

Ich kenne die Krankheit
und brauche keine Belehrung.

Behandle mich wie einen erwachsenen Menschen.

Traue mir zu, Entscheidungen zu treffen.

Nimm mich ernst, wenn ich etwas sage.

Warte, bis ich dich brauche.

Schütze mich, wenn ich dich darum bitte.

Begegne mir auf Augenhöhe, auch wenn ich im Rollstuhl sitze.